MW00977254

Un Toque de Su Libertad

Un Toque de Su Libertad

MEDITACIONES SOBRE LA LIBERTAD EN
CRISTO CON FOTOS ORIGINALES DE

CHARLES STANLEY

EDITORIAL BETANIA

© 1994 Editorial Betania
9200 S. Dadeland Blvd., Suite 209
Miami, FL 33156, EE.UU.

Título en inglés: *A Touch of His Freedom*
© 1991 by Charles Stanley

Traductora: *Elizabeth F. Morris*

ISBN 0-88113-274-8

Impreso en EE.UU.
Printed in U.S.A.

Contenido

Fotografías

Reconocimientos

M i más profundo aprecio a mi hijo Andy
por su ayuda siempre hábil
durante el desarrollo del manuscrito
y a mi amigo David Chamblee
por las largas horas que pasamos
en el cuarto obscuro.

Introducción

Durante años mi vida espiritual fue como una montaña rusa, subiendo y bajando, con más bajas que altas. Experimenté más ansiedad que paz, más temor que fe, más vacíos que plenitud y más fracasos que éxitos.

¿Era salvo? ¡Sí! ¿Estaba libre? ¡No! En la práctica la experiencia de mi nuevo nacimiento no me liberó. Conocía el perdón del Señor, pero no Su libertad. Los viejos hábitos todavía me perseguían. Algunas emociones distorsionadas todavía me paralizaban. El poder del pecado continuaba derrotándome. Por consecuencia, no conocía el gozo, sólo la frustración. Anhelaba la libertad que Jesús prometió. Sin embargo, por alguna razón me eludía.

Mi problema no era de deseo. De todo corazón deseaba agradar a Dios, pero nunca me fue posible hacerlo consistentemente. Siempre me sentí como el que pelea una batalla perdida.

Al fin entendí que yo era un esclavo; era un prisionero. La realidad de mi situación me llevó a la desesperación. Vivía con una extraordinaria sensación de impotencia y falta de esperanza.

Fue en las muy tempranas horas del día, después de implorarle al Señor durante toda la noche, que repentinamente supe que debía confiarle todo el control de mi vida.

Con un profundo anhelo en mi corazón empecé a buscar las Escrituras con un objetivo: conocer el gozo de la verdadera libertad en Cristo, la libertad de ser la persona que Dios quería que yo fuera. Y la encontré. Jesús abrió la puerta de mi celda con cinco palabras sencillas: «La verdad os hará libres» (Juan 8.32).

Con esta promesa en mi corazón, empecé a aplicar los siguientes principios que se exponen en este libro. Al hacerlo, experimenté un toque de libertad que transformó mi vida. Oro pidiéndole a Dios que use este libro para exponer áreas que esclavizan tu vida, y más importante aún, que la verdad te haga libre.

Un Toque de Su Libertad

*Y conoceréis la verdad, y la verdad os hará libres...
Así que, si el Hijo os libertare, seréis
verdaderamente libres.* Juan 8.32,36

La verdad que nos libera

*L*a verdad y la libertad son constantes compañeras. Donde encuentres una, siempre encontrarás la otra. Encontrarás la libertad en cualquier área de la vida si descubres la verdad acerca de esta. Y descubrir la verdad en un área en particular siempre da por resultado algún tipo de libertad.

Una niña se libera del miedo a la oscuridad cuando acepta la verdad de que no hay nada que temer. Un niño abandona la seguridad del trampolín y salta a la piscina sólo cuando acepta la verdad de que al hacerlo su padre lo agarrará. De igual forma ocurre cuando aceptamos la verdad de todo lo que Cristo hizo por nosotros en el Calvario: sólo entonces empezamos a disfrutar la libertad que Él ofrece.

«La verdad os hará libres». Con cinco sencillas palabras Jesús hizo un bosquejo del proceso por el que cualquier hombre, mujer o niño puede alcanzar la libertad en esta vida. La libertad no se gana haciendo las cosas a nuestro modo, ni según nos plazca. Por el contrario, las cárceles están llenas de hombres y mujeres que simplemente hicieron lo que quisieron. Es seguro que estas personas no ganaron la libertad, por el contrario, la perdieron. Y así sucede con nosotros cada vez que descuidadamente nos independizamos y hacemos lo que queremos. El resultado no es libertad, sino esclavitud.

Si fuera a preguntarte si eres libre o no, quizás estuvieras tentado a contestarme que sí, sin siquiera pensarlo mucho. Pero déjame preguntarte esto: ¿Estás constantemente batallando con el miedo, la lascivia, el celo, el odio, la amargura, la vanidad, la falsedad, la falta de fe o el desaliento? ¿Tienes hábitos en la vida en los que parece que tienes poco o ningún control? ¿Hay ciertos ambientes o personas que evitas porque te ocasionan una

inseguridad que no puedes controlar? Si contestastes «Sí» a una o más de estas preguntas, entonces no eres libre. No te engañes por el hecho de no estar atado ni detrás de las rejas.

Durante los próximos treinta días enfocaremos algunas áreas específicas de esclavitud potencial y también la verdad que ofrece la libertad. A medida que el Espíritu Santo traiga a la superficie áreas de esclavitud en tu vida, invierte un tiempo extra para meditar en esas verdades que corresponden al área de tu necesidad. Y a su tiempo, serás «completamente libre».

Padre celestial, gracias por darme los medios para librarme. Gracias por preparar el camino mediante la muerte y resurrección de tu Hijo. Ahora, permíteme entender tu Palabra para descubrir las verdades liberadoras que necesito desesperadamente para completar mi libertad. Y Padre, no permitas que me desaliente y renuncie antes de terminar esta jornada. Amén.

Piedra de toque

Donde hay verdad,
hay libertad.

Mas del árbol de la ciencia del bien y del mal no comerás; porque el día que de él comieres, ciertamente morirás.

Génesis 2.17

Libertad máxima

Por años creí que Dios trabajaba en contra de mi libertad personal. Lo veía como un divino legislador que pasaba la mayor parte del tiempo creando nuevas formas de restringir mi libertad. Encontraba muy poco sentido a las declaraciones como las de Gálatas 5.1. Podía leerlas una y otra vez para entonces preguntarme: Si Cristo vino a darnos libertad, ¿por qué me siento tan esclavo?

Entonces, un día mientras leía los primeros tres capítulos de Génesis, un pensamiento me golpeó en la mente: «Adán y Eva sólo tenían una regla». ¡Imagínense vivir en un mundo donde sólo haya una regla! Las implicaciones son asombrosas. Sin embargo, la más importante es que en un ambiente perfecto, donde Dios tenía todo como Él quería, señaló sólo una «prohibición». Dicho de otro modo, Dios no es un Dios de reglas. Nuestro Dios es un Dios de libertad. Al principio colocó al primer hombre y mujer en un bellísimo jardín y con propósito práctico dijo: «Están libres para disfrutar este mundo plenamente».

«Pues entonces», te preguntarás, «¿para qué todos los tabúes morales y éticos? ¿Qué pasó con los buenos tiempos pasados de libertad?» La respuesta se encuentra en Génesis 3. Nuestros primeros antepasados hicieron exactamente lo que se les dijo que no hicieran y así le abrieron las puertas al pecado para que entrara al mundo. Y con el pecado vino la muerte. Así la humanidad se hizo esclava del pecado y la muerte.

Mientras el mundo nos enseña que la libertad se adquiere abandonando toda restricción, las Escrituras nos enseñan que lo inverso es la verdad. Los seres humanos perdieron una gran parte de su libertad intentando ganar la libertad absoluta. Cada vez se hace más claro que la libertad se obtiene y mantiene si obedecemos las leyes de Dios. Igual que los buenos padres establecen limitaciones amorosas a sus hijos, el Padre celestial nos establece perímetros morales y éticos.

De nuevo, la verdad es la clave. ¿Creemos que Dios sabe lo que es mejor para nosotros? ¿Creemos que realmente Él tiene nuestros mejores intereses en mente? Adán y Eva no lo creyeron. Y perdieron la libertad que confiaban que su pecado les conseguiría. ¿Qué de ti? ¿Deseas aceptar el hecho de que Dios es un Dios de libertad, que sus leyes son para protegerte, para darte seguridad, y que no son un impedimento para tu libertad? Si así es, dedica unos momentos para rendir a Dios las áreas que mantienes controladas. Confiesa tu falta de fe. Ahora descansa en la seguridad de que Dios te dará la máxima libertad disponible en este mundo pecaminoso.

Padre celestial, gracias por amarme tanto que incluso estableciste los límites de lo que debo o no hacer. Dame la sabiduría para quedarme dentro de los confines que tan sabiamente has establecido. Al enviar a Cristo a morir, me aseguraste que tienes en mente lo mejor para mí. Quiero rendir cada área de mi vida con la seguridad de que al hacerlo garantizo mi libertad. Amén.

Piedra de toque

No hay mayor libertad que la que se encuentra dentro de los confines de las amorosas limitaciones de Dios.

Porque el que ha muerto,
ha sido justificado del pecado.
                    Romanos 6.7

Los muertos no pecan

La libertad empieza y termina en la cruz de Cristo. Fue en el Calvario que se pagó de una vez y por siempre la pena de nuestros pecados. Allí Cristo fue castigado, para así saldar la cuenta de nuestro pecado. Pero algo más sucedió en la cruz que igualmente afecta nuestra libertad. Aquel día no sólo saldó la pena del pecado, sino que también derrotó el poder del pecado. La muerte y resurrección de Cristo marcó el fin del poder del pecado para controlar al creyente. Igual que el pecado no pudo controlar al Hijo de Dios, es igualmente impotente para controlar a los que se han allegado a Cristo a través de la fe.

Desafortunadamente, muchos de los que están de acuerdo con la declaración anterior, en la experiencia, son de todo menos libres. Todavía son esclavos de los mismos hábitos y pecados que los plagaron en sus primeros días como cristianos. No hay victoria sobre el pecado. Hay poco gozo. Consecuentemente, hay poca razón para mantenerse luchando. Para muchos creyentes su lema es: «Bueno, nadie es perfecto».

La intención de Dios no es que continuemos viviendo esclavos del pecado. El mensaje de la cruz es libertad del pecado, tanto de su pena como de su poder. Aunque es cierto que siempre estaremos sujetos a la tentación, no quiere decir que tenemos que ceder a la tentación. En el momento que fuistes salvo, recibistes vida nueva, la vida de Cristo. Moristes a la vieja vida, una vida dominada por el poder y la atracción al pecado. Tu nueva vida es la misma vida que permitió a Cristo caminar en esta tierra por tres años sin pecar. Es la misma vida que le permitió salir de la tumba sin que la muerte le afectara. El día que naciste de nuevo te convertiste en una nueva persona, con un nuevo potencial respecto al pecado y a la muerte.

Para convertir en realidad esta verdad histórica y teológica tenemos que apropiarnos de ella. Es decir, debemos aceptar este hecho y actuar de acuerdo al mismo. Mientras estemos conven-

cidos de lo contrario, seguiremos viviendo como esclavos.

¿Has reconocido tu libertad del poder del pecado? ¿Lo has pedido? ¿O has descansado en tus sentimientos indicando así tu relación con el pecado? Tus sentimientos te dirán que nada ha cambiado, que todo sigue siendo igual que siempre.

Pero Dios dice que eres diferente. Él dice que moristes al pecado, y los muertos están libres del poder del pecado. ¿A quién vas a creer hoy?

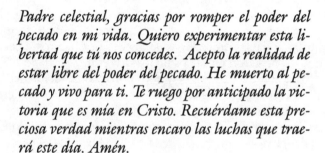

Padre celestial, gracias por romper el poder del pecado en mi vida. Quiero experimentar esta libertad que tú nos concedes. Acepto la realidad de estar libre del poder del pecado. He muerto al pecado y vivo para ti. Te ruego por anticipado la victoria que es mía en Cristo. Recuérdame esta preciosa verdad mientras encaro las luchas que traerá este día. Amén.

Piedra de toque

*Somos tan libres como nos
atrevamos a creer serlo.*

No os conforméis a este siglo,
sino transformaos por medio
de la renovación de vuestro
entendimiento.   Romanos 12.2

¡Transformado!

La mayoría de nosotros tenemos la experiencia frustrante de consagrarnos sinceramente y varios días más tarde olvidarnos del compromiso. Yo le llamo el síndrome del joven campamental. Cuando yo era joven asistía a un campamento de la iglesia casi todos los veranos. Como en casi todos los campamentos, siempre terminábamos la semana con un culto de consagración. Todos los años era igual. Todo el mundo lloraba y le prometía a Dios la luna, no más mentiras, malas palabras, trampas, fumar, beber y así seguía... y seguía... Desafortunadamente, la tarde siguiente, antes de regresar al parqueo de la iglesia, ya había roto la mayoría de esas promesas.

Creo que la mayoría de las decisiones hechas durante esas sesiones eran sinceras. El problema era que nadie nos enseñó a cumplirlas.

Entendíamos bien los deben y los no deben. Pero el cómo hacerlo quedó en el misterio. Año tras año, ese elemento crucial se las arreglaba para siempre quedarse fuera de tan sabios y excelentes mensajes. Y por consecuencia, también se quedaba fuera de nuestra vida.

Debido a su vida pasada el apóstol Pablo conocía muy bien la frustración de saber qué hacer, pero no saber cómo hacerlo. No hay duda de que debido a su experiencia se hizo sensible a las necesidades de los lectores en este asunto. Y así, en una declaración escrita concretó perfectamente el secreto del cambio perenne: «por medio de la renovación de vuestro entendimiento».

Pablo sabía que nuestra conducta está directamente afectada por la manera en que pensamos. Para que un cambio verdadero se realice en el exterior, primero debe suceder una transformación en nuestra manera de pensar. Mientras que no nos involucremos en este proceso de renovar nuestras mentes, cualquier cambio de conducta va a ser de corta duración.

Renovar la mente se parece un poco a retocar los muebles. Es un proceso en dos etapas. Significa quitar lo viejo y reemplazarlo con lo nuevo. Lo viejo es las mentiras que has aprendido a decir o que te enseñaron los que te rodeaban, es la actitud e ideas que se han convertido en parte de tus pensamientos, pero que no reflejan la realidad. Lo nuevo es la verdad. Renovar tu mente es involucrarse en el proceso de dejar que Dios saque a la superficie las mentiras que erróneamente has aceptado y cambiarlas por verdades. En el momento que llegues a hacer esto, tu conducta se transformará. El resto de este libro se hizo para ayudarte en este proceso de cambiar de vida.

Padre celestial, gracias porque me has revelado cómo hacer de los principios de tu Palabra una diaria realidad en mi vida. Gracias por no esperar cambios instantáneos. Cuando abra tu Palabra, guíame a encontrar esas porciones de la Escritura que contienen verdades específicas que necesito para renovar mi mente hoy. Gracias por ofrecerme una forma tan simple de asegurar mi libertad del mundo y de su influencia destructiva. Amén.

Piedra de toque

Los mandamientos bíblicos, sin el pensamiento bíblico, dan por resultado una obediencia a corto plazo y una frustración a largo plazo.

Ahora, pues, ninguna condenación hay para los que están en Cristo Jesús, los que no andan conforme a la carne, sino conforme al Espíritu.

Romanos 8.1

Ninguna condenación

¿Crees que le agradas a Dios? Me preguntarás: «¿Quiere decir «si creo que Él me ama»?» No, si le agradas. ¿Crees que le agradas a Dios? Esta es una de mis preguntas favoritas. La razón es que penetra hasta la médula de cómo un individuo realmente cree que Dios se siente respecto a él. Así que, ¿crees que le agradas a Dios? Si Él fuera a aparecer en forma corporal, ¿crees que te buscaría? ¿Disfrutaría Él estar contigo?

¡Cuán extraño es que nos sintamos más cómodos con el concepto de amor que con el concepto de agradar cuando nos referimos a los sentimientos de Dios respecto a nosotros! ¿Por qué crees que es así? A menudo la razón descansa en el hecho de que no comprendemos a plenitud el alcance del perdón de Dios. Por consecuencia, vivimos con un sentido sutil de condenación. Es como si siempre hubiera un nubarrón oscuro que nos separara de Dios. Decimos que nos perdona, pero en el corazón no estamos completamente convencidos de que Dios todavía no esté un poco enojado con nosotros.

La verdad es que en el Calvario se solucionó cada razón por la que Dios tenía que estar enojado con nosotros. El perdón es tan completo que Él no sólo está libre para amarnos, sino que también le agradamos. Piensa en esto: «Ninguna condenación hay para los que están en Cristo Jesús». Si has puesto tu confianza en Cristo para obtener el perdón de tus pecados, la Biblia dice que estás en Cristo. Y una vez que estás en Cristo, fuiste separado de la culpa que una vez trajo la condenación divina. Ya no estás condenado. Cristo fue condenado en tu lugar ¡y ahora estás libre!

«Pero...», me preguntas, «¿por qué me siento tan condenado? ¿Por qué no me siento perdonado? Probablemente es porque no has decidido creer lo que Dios dijo. Por el contrario, mides tu valor y aceptación de acuerdo a tu comportamiento. Para liberarte de esa sensación de condenación debes renovar tu

mente con esta poderosa verdad: «Ninguna condenación hay para los que están en Cristo Jesús».

Padre celestial, gracias por desear tan intensamente una relación conmigo que estuviste dispuesto a quitar todo obstáculo entre nosotros. Dame valor para aceptar tu Palabra como la verdad. Por fe decido aceptar en este mismo momento la verdad de no estar condenado. En el nombre de Jesús, Amén.

Piedra de toque

*En Cristo estamos
completamente libres de
toda condenación.*

En amor habiéndonos predestinado para ser adoptados hijos suyos por medio de Jesucristo, según el puro afecto de su voluntad.

Efesios 1.5

¿Cuán libre es la libertad?

Hay una absoluta diferencia entre trabajar para ganar la aceptación de alguien y trabajar debido a la aceptación de alguien. Continuamente me encuentro con personas que sienten la compulsión de servir a Dios para ganar con este mérito Su amor y aceptación. A menudo esto es el resultado de un error teológico que aprendieron desde su niñez. «Te portas bien o...» En otras ocasiones es la consecuencia de crecer en un hogar en que la aceptación de los padres dependía de la conducta del niño: «Si eres una niña buena, papá te querrá». Este patrón de pensamiento puede estar tan arraigado, que los adultos se maten haciendo un esfuerzo que le pruebe a sus padres el valor que tienen. He conocido hombres cuya motivación principal en la vida ha sido el deseo de ganar la aprobación del padre mucho después de que éste muriera.

Cuando este sistema de aceptación que se basa en el comportamiento se transfiere al Padre Celestial, da por resultado el legalismo. El legalismo es una actitud. Es un sistema de pensar en el que un individuo trata de ganar el amor y la aceptación de Dios por medio de las buenas obras o el servicio. Algunos sinceramente piensan que su salvación está en juego. Para otros es un sentimiento vago de la desaprobación divina que tratan de quitar. Sin embargo, en ambos casos el legalismo siempre lleva al mismo callejón sin salida: falta de gozo, espíritu de crítica y falta de transparencia en la vida.

Para librarse del legalismo tenemos que aceptar la verdad en cuanto a nuestro lugar favorecido en la familia de Dios. Los que confiamos en Cristo somos adoptados en Su familia. No hay un concepto que hable con más claridad sobre la aceptación que el de la adopción. Mientras que para una mujer salir

encinta puede ser una sorpresa, la adopción siempre es algo premeditado y planeado. Aunque tú y yo estábamos sin esperanza, Dios preparó el escenario para adoptarnos en su familia (Romanos 5.8).

¿Crees que tienes que trabajar para ganar la aceptación de Dios? ¿Criticas a los que no sirven al Señor con el mismo fervor que tú? ¿Has desarrollado una actitud de mártir respecto a tu servicio para el Señor? Si has contestado que «Sí» a cualquiera de estas preguntas, puede ser que no estés descansando en la obra completa de Cristo... ¡una obra que resuelve el asunto de tu aceptación de una vez y para siempre, una obra que te da un lugar eterno en la familia de Dios, una obra que te permite llamar «Padre» al Dios del universo!

Padre celestial, tú eres el Dios que venció la barrera que el pecado puso entre nosotros. Gracias por buscarme y darme la entrada en tu familia a través de la adopción. Gracias porque no tuve que servirte para ganar tu amor y aceptación. Recuérdame con frecuencia esta verdad libertadora. Renueva mi mente para que te sirva como resultado de tener un corazón agradecido y gozoso. Amén.

Piedra de toque

*La aceptación incondicional
de Dios nos libra para servirle
con gozo eterno.*

Vosotros pensasteis mal contra mí, mas Dios lo encaminó a bien, para hacer lo que vemos hoy...
Génesis 50.20

Libre para creer

Es difícil creer que Dios usa las circunstancias en la vida que desilusionan. Pero confiar en que Él obra a través de las malas intenciones de otros es muchísimo más difícil. Una cosa es cuando hay que cancelar el picnic de la iglesia por las lluvias, pero es algo muy diferente cuando un «amigo» en el trabajo miente deliberadamente con el fin de conseguir tu puesto.

Cuando suceden cosas como una traición, una muralla de frustración opaca nuestra relación con Dios. Preguntamos: «¿Por qué permitió que sucediera? ¿Acaso no sabía qué iba a pasar?» Cuando nuestra frustración se convierte en dudas, perdemos la confianza en el interés y la preocupación de Dios por nuestras vidas. Si realmente se preocupa por nosotros, ¿por qué nos dejó sufrir en manos de los adversarios?

Para librarnos de las dudas y resentimientos que solemos tener contra Dios cuando otros nos hieren intencionalmente, hay que ver el principio que José enunció: «Vosotros pensasteis mal contra mí, mas Dios lo encaminó a bien...» Con todo el rechazo y abuso que José experimentó por manos de sus hermanos, Dios no lo abandonó. Al contrario, fue por medio del abuso que José experimentó que Dios obró para realizar su plan divino.

Hay un problema. Para que Dios transforme las circunstancias negativas en positivas tenemos que seguir fieles durante todo el proceso. Imagínate qué hubiera sucedido si José se hubiera dejado amargar en contra de Dios y su familia. Esta historia no tendría tan feliz final. Fue la fidelidad de José durante todo el proceso la que le dio a Dios la libertad para lograr Su plan divino.

¿Has sido maltratado? ¿Se ha visto sacudida tu fe en la bondad y soberanía de Dios? ¿Estás dispuesto a comenzar una renovación de tu mente a la verdad de que Él puede usar para tu bien y Su gloria lo que la gente hizo para dañarte?

Padre celestial, tú eres el Dios que soberanamente usas hasta las intenciones malas de los seres humanos para llevar a cabo tu voluntad. Perdóname por albergar enojo hacia ti por los daños que otros me hicieron. Decido ceer que tú conoces íntimamente cada detalle de mi vida, que nada sucede inadvertidamente. Gracias por la seguridad que tengo en Cristo. Me ilusiona ver cómo demostrarás tu fidelidad durante los próximos días y semanas. Amén.

Piedra de toque

*Cuando respondemos
correctamente, las malas
intenciones de las personas
pueden ser los medios por los
cuales Dios lleve a cabo
sus planes.*

Pero enseguida Jesús les habló, diciendo: ¡Tened ánimo; yo soy, no temáis!

Mateo 14.27

¡No temas!

Probablemente el temor sea la causa número uno de la parálisis. Cuando digo parálisis no me refiero a un defecto físico. La parálisis causada por el miedo afecta la mente, la voluntad y las emociones. Me refiero a la parálisis del alma.

Por años he vivido con miedo de que me abandonen. Mi padre murió cuando yo era un bebé. Mi mamá trabajó en un telar mientras yo crecía y salía para el trabajo cuando yo aún dormía. Parecía que siempre me abandonaban. Como siempre sucede en los casos de las primeras experiencias desagradables, la mía también dejó sus huellas.

Todos tenemos temores. Muchos temen al fracaso. Otros luchan con el temor de comprometerse a algo o de encontrarse atrapados en una relación. En ocasiones he hablado con jóvenes que temen envejecer. Y si fuéramos sinceros, todos hemos sentido una chispa de miedo al pensar en morir.

Cuando los discípulos miraron hacia el mar embravecido, vieron lo que pensaron era un fantasma. Las Escrituras nos dicen que estos marineros, valientes veteranos, realmente «gritaron» de miedo (Mateo 14.26). Sin embargo, sus temores duraron poco porque el próximo sonido que oyeron fue la voz de Jesús. Sólo Su presencia fue necesaria para traer paz al corazón, aunque el mar continuaba furioso.

Todo aquel que haya confiado en Cristo como Salvador no tiene necesidad de encarar solo lo conocido o desconocido; Él está allí. En los momentos cuando nuestros temores surgen por el conocimiento de lo que va a venir, Él está allí. Entiende el terror que acompaña la expectativa de un dolor severo, la pérdida de un ser querido o la muerte. El Salvador no desconoce estas cosas. En momentos cuando lo desconocido nos causa temor, Él está allí. Está allí con pleno conocimiento de lo que viene y con la gracia para sostenernos.

¿Se han convertido tus temores en una fuerza que controla

tu vida? Te ves perdiendo oportunidades y experiencias por temor al fracaso, al rechazo o al futuro en general? Nunca fue la intención de Dios que el temor te controlara. Sin embargo, Él está dispuesto a usar tu temor para llevarte a un lugar de mayor dependencia en Él. Recuerda, no importa lo que tengas que encarar, Él estará allí.

Padre Celestial, gracias por mandar al Salvador que conoce mis temores, y nos prometió su presencia en medio de lo conocido y también de lo desconocido. Dame la sabiduría para alimentarme de Su gracia cuando tenga temores. Permite que mi valor sea para la honra y la gloria de tu nombre. Amén.

Piedra de toque

*A medida que camines por el
valle de lo desconocido
encontrará las huellas de Jesús
tanto al frente como al lado.*

*Porque, ¿quién es este filisteo incircunciso,
para que provoque a los escuadrones
del Dios viviente?*

1 Samuel 17.26

Vencer obstáculos

Día tras día el ejército de Israel se paralizaba de miedo. Sin embargo, no era el tamaño o la fuerza del ejército de los filisteos lo que les aterraba. No era la primera vez que Israel era más pequeño que su adversario. Esta vez fue diferente. Esta vez un soldado se paró entre Israel y la victoria. Sólo un soldado. Pero no era un soldado cualquiera. Era Goliat, el campeón del ejército filisteo, un guerrero que de mirarlo intimidaba tanto que aún sus insultos blasfemos no enojaban ni a un solo soldado israelita al punto de querer enfrentarlo. Desafiar a Goliat significaba morir. O así parecía.

Entró David. Luego de ver y oír a Goliat, el joven pastor de ovejas se hizo una pregunta muy penetrante, una pregunta que presentó una fresca y nueva perspectiva a la escena: «¿Quién es este filisteo incircunciso que desafía a los ejércitos del Dios viviente?»

Todos vieron la misma figura gigantesca en el valle, oyeron las mismas obscenidades. Pero David interpretó estas cosas muy diferente a los que le rodeaban. Saúl y sus hombres vieron a Goliat como a su enemigo. David, por otra parte, vio a Goliat como alguien que venía contra el Dios viviente. Dedica un momento a leer el discurso de David que empieza en 1 Samuel 17.45.

De vez en cuando tenemos que enfrentar Goliats. Quizás circunstancias en el trabajo, relaciones en el hogar o decisiones que simplemente son muy grandes para que las resolvamos. Con frecuencia, al igual que los soldados de Israel, estamos abrumados con sensaciones de incapacidad. Así que quedamos pasmados, sin valor para seguir adelante.

La libertad viene a medida que desarrollamos la actitud del joven David, cuando adoptamos una perspectiva celestial ante los obstáculos de la vida. Por ser hijos del Dios viviente, todo lo que viene en contra nuestra debe venir a través de Él. Y según

las palabras del apóstol Pablo: «Si Dios es por nosotros, ¿quién contra nosotros?» (Romanos 8.31).

Al contemplar los retos de hoy, no cometas el error de medir el pontencial de tu éxito por la habilidad o actuación pasada. Hacerlo significa inseguridad y frustración. Dios gana más honor a través de nuestra disposición que de nuestra habilidad. Él no espera que tú resuelvas los detalles de cómo se van a realizar las cosas en el día de hoy. Todo lo que pide es que te manifiestes y hagas lo que creas que es Su voluntad confiando en que Él llenará los vacíos.

Padre celestial, gracias por dejarme encarar los obstáculos que parecen imposibles. Estos obstáculos sirven como un recuerdo constante de mi dependencia absoluta en ti. Gracias también por tus promesas de fortalecernos y darnos suficiencia. Es un gran consuelo saber que no me enfrento solo a Goliat. Padre, estoy dispuesto y en ti confío para capacitarme. Amén.

Piedra de toque

*Dios no está tan interesado en
tu habilidad como lo está en
tu disposición.*

Antes sed benignos unos con otros, misericordiosos, perdonándoos unos a otros, como Dios también os perdonó a vosotros en Cristo.

Efesios 4.32

Libertad para perdonar

Si eres como la mayoría, alguien te habrá herido alguna vez en la vida. De niño habrás sufrido un rechazo intenso o en este mismo momento quizás tengas una relación que te resulte ser una dosis diaria de dolor. El dolor, sin importar su intensidad o duración, nos prepara para convertirnos en esclavos del resentimiento y la amargura. Nuestra tendencia natural es recordar las cosas malas que otros nos hacen. Sin darnos cuenta, empezamos a ver la deuda que nos deben quienes nos ofendieron. Empezamos a esperar que de alguna forma nos compensen por la tensión emocional que dejaron en nuestra vida. El deseo de vengarnos a menudo da lugar a conversaciones imaginarias que nos gustaría disfrutar y planes que quisiéramos tener el valor de realizar.

Esta es una de las clases de esclavitud más dañina. He visto hombres y mujeres destruir a los que más quieren porque se niegan a resolver sus resentimientos. El resentimiento es como una fuente venenosa. Riega su veneno con cada persona con quien se relaciona. Por consecuencia, esposos, esposas, hijos y empleados que no tienen nada que ver con la causa del dolor se convierten en las víctimas.

Hay una salida. Es realmente muy sencillo: perdonar. Me dirás: «Eso es imposible». ¿De veras? Piensa en esto: ¿por qué es imposible? Realmente consiste en sólo un detalle: encariñarte con la mentira de que de alguna forma los que te ofendieron te deben algo. Perdonar es simplemente liberar la mente de la obligación que tenga cualquiera que te haya ofendido. «Pero», me dirás, «usted no sabe el dolor y los problemas que me causaron». Eso es verdad. Pero piensa en el dolor y la pena que te siguen causando por resistirte a olvidar. Coloca en una balanza el gozo temporal que posiblemente experimentes al contemplar la venganza y compáralo con los resultados negativos en tus relaciones con otros. Dime, ¿vale la pena?

Cuando se trata del perdón, Jesús fijó las reglas. Medita por un momento en estos pensamientos: Quien tuvo la mayor de las razones para no perdonar, pagó el más alto precio para perdonarnos. Jesús murió para que fuera posible perdonarte, y después de preparar el camino, te perdonó. Para nosotros perdonar es una sencilla decisión mental. Para Cristo fue asunto de vida y muerte. Escogió la muerte para hacer posible que tú vivieras. Entonces, si Cristo estuvo dispuesto a olvidar la deuda que tenías con Él, ¿quién eres tú para negarte a olvidar a los que te han ofendido? Además, ¿qué vas a ganar si continúas aferrándote a tu dolor? ¿Por qué no lo olvidas ahora mismo?

Padre celestial, tú eres el Dios que perdonas. Gracias por perdonarme. Recuérdame los rencores que sigo anidando. Dame fuerza y voluntad para perdonar de la misma forma que tú me perdonastes. Amén.

Piedra de toque

*Quien tuvo la mayor de las
razones para no perdonar,
pagó el más alto precio para
perdonarnos.*

Entonces se le acercó Pedro y le dijo: Señor, ¿cuántas
veces perdonaré a mi hermano que peque
contra mí? ¿Hasta siete?
Jesús le dijo: No te digo hasta siete, sino aun hasta
setenta veces siete.   Mateo 18.21-22

...y perdona y perdona y perdona

Alguna vez nos han dicho a todos que perdonemos y olvidemos. De seguro parece una buena idea, pero desafortunadamente es imposible hacerlo. No tenemos la habilidad de borrar nuestro registros de recuerdos. Pero si pudiéramos, ¿no sería tremendo? Cada vez que alguien te hiere, podrías perdonar a esa persona y olvidar la ofensa ahí mismo. La próxima vez que la vieras no tendrías nada guardado en contra suya, ya estaría olvidado. Dicho sistema haría que el proceso del perdón fuera más fácil. Perdonar a alguien por una única ofensa no es tan difícil como perdonar a alguien que constantemente te está hiriendo. No hay duda de que fue precisamente este dilema el que hizo que Pedro le preguntara a Jesús cuántas veces tenía que perdonar a su hermano. Pedro creía que siete veces era más que suficiente. A esa sugerencia Jesús replicó que setenta veces siete. De la parábola que sigue está claro que Jesús realmente quiso decirle a Pedro que perdonara a su hermano cada vez que pecara contra él, sin importarle con cuánta frecuencia sucediera.

Si tú eres como muchos, hay alguien en tu vida que te hiere u ofende casi diariamente. Quizás sea tu esposo inconverso. Quizás uno de tus hijos. Para muchos puede ser un empleado o el patrón. Cualquiera que sea el caso, si hay alguien así en tu vida, estás corriendo un riesgo constante de convertirte en un amargado. Sencillamente, perdonar una vez a tal persona no es suficiente. Literalmente tendrás que perdonarla siete veces al día. En casos extremos tendrás que perdonarle ¡cada vez que abra su boca!

Con frecuencia hablo con personas que abrigan enojo y resentimiento. Cuando hablo de olvidar a menudo responden: «¡Los he perdonado, pero me siguen hiriendo!» En algún mo-

mento, durante el camino, a esta gente se les ocurrió que una vez que perdonaron a quien les ofendía, ya habían terminado. Pero raramente es ese el caso. Mientras un individuo continúe ofendiendo, debes seguir perdonando. Es decir, ahí mismo mentalmente tienes que liberar al ofensor de cualquier obligación. Cuando se me presenta esa clase de situación, sonrío y en silencio digo: «Señor, le perdono como tú me perdonaste».

La única forma de evitar ser un resentido y un amargado es adquirir el hábito de perdonar de inmediato e incondicionalmente. No lo pospongas. Las demoras le dan tiempo al enemigo para trabajar en ti. Piénsalo, ¿cuántas veces Dios te ha tenido que perdonar por el mismo pecado? ¿Cuántas veces Dios te ha perdonado por la misma razón más de una vez el mismo día? Sigue su ejemplo: perdona y... bueno, perdona.

Padre celestial, tú eres el Dios cuyo perdón no conoce límites. Así como constantemente me perdonas, dame la sabiduría para hacer lo mismo con otros. Y de igual forma líbrame de saborear la amargura. Amén.

Piedra de toque

Perdona completa, inmediata
e incondicionalmente.

¿Y acaso Dios no hará justicia a sus escogidos,
que claman a Él día y noche?
¿Se tardará en responderles?

Lucas 18.7

Justicia para todos

Alguna vez en la vida nos han tratado injustamente. El primer impulso es tomar venganza, represalia o tramar una forma de desquitarnos. Sinceramente, cuando veo a alguien maltratado, a menudo siento la tentación de vengarme a su favor. Es difícil sentarse y ver cómo abusan de otros, especialmente cuando tan a menudo parece que el que ofende se queda sin castigo.

La verdad es que Dios lleva un buen récord de las injusticias de este mundo. Ninguna maldad queda inadvertida. Desde el carterismo y las demandas injustas, hasta el abuso de un niño. Él los ve a todos y toma nota cuidadosa. Un día sonará la última trompeta y la vida que conocemos terminará. En ese momento el Juez de este mundo establecerá el juicio. Se juzgará cada maldad cometida desde el principio. Y lo maravilloso del caso es ¡que el Juez también servirá de testigo en cada caso! Cuando todo se haya dicho y hecho, cada hombre y mujer recibirá alguna clase de retribución por sus hechos aquí en la tierra (2 Corintios 5.10).

La clave para no desear devolver mal por mal es recordar dos verdades importantes. Primero, tú no eres el juez, pero Cristo sí. Él volverá como el Juez de toda la humanidad e impartirá la justicia de acuerdo a su infinita sabiduría y conocimiento.

Segundo, el Hijo de Dios aún está esperando ser vengado por todo el mal que le hicieron. Por mucho que te hayan maltratado, recuerda que Cristo no se vengó de los que lo crucificaron. Él lo está reservando para un día futuro. Pues entonces, esperemos. Pero lo esperamos sabiendo que al final todo lo malo se convertirá en bueno. Y ni una sola injusticia pasará inadvertida.

¿Te han tratado injustamente? ¿Eres culpable de intentar vengarte por medio de tus palabras, por no hacerle bien a al-

guien o alguna otra forma de retribución? Si es así, ¿quisieras ahora devolver esa responsabilidad al verdadero dueño?

Padre Celestial, tú eres el Dios de la justicia, un Dios que no permite que ningún hecho injusto se escape sin verlo. Gracias por tu promesa de retribución. Danos el valor de confiar en ti y el control para esperar. Amén.

Piedra de toque

El día del juicio
será un día justo.

¿De dónde vienen las guerras y los pleitos entre vosotros? ¿No es de vuestras pasiones, las cuales combaten en vuestros miembros?

Santiago 4.1

Cuando los derechos se convierten en injusticias

Lo que primero parece ser un caso serio de simplificación excesiva es en realidad una verdad penetrante. Todas nuestras relaciones conflictivas brotan de la búsqueda de placer o satisfacción. Ya que el cumplimiento de nuestros deseos puede infringir los derechos y los logros de los demás, hay conflicto. Por esto los esposos discuten con sus esposas cuando planean dónde van a pasar las vacaciones. Empleados y patrones discuten sobre el aumento de sueldo. Los vecinos discuten los límites de las propiedades. Recuerda tu última discusión. ¿Cómo empezó? ¿No es cierto que lo motivó el deseo de alguien que quería imponer su voluntad?

Cuando Santiago habla de deseos, se está refiriendo a todo tipo de deseo, tanto buenos como malos. Nuestros deseos son los que determinan la arena de los conflictos que encontramos. Para empeorar el asunto vivimos en una sociedad que exonera a los que saben cómo salirse con las suyas. Y, sin embargo, es esta misma característica la que con frecuencia sirve como base en nuestra falta de habilidad para relacionarnos unos con otros.

Como cristianos hemos sido llamados a vivir más allá de las normas del mundo. Específicamente, no debemos vivir dominados por el deseo de salirnos con la nuestra. La libertad de esta esclavitud en la búsqueda de placer viene a través del más básico de todos los principios cristianos, la confianza. Cuando parece que sus necesidades están por quedarse sin resolver y que sus deseos se quedarán sin satisfacer, su reacción debe ser: «Señor, confío en ti». Hacer lo contrario es buscar un conflicto. El apóstol Pablo supo lo que era privarse. A juzgar por su experiencia, motivó a un grupo de creyentes necesitados con estas palabras: «...el fin de los cuales será perdición, cuyo dios es el

vientre, y cuya gloria es su vergüenza; que sólo piensan en lo terrenal» (Filipenses 3.19).

¿Cuál es la causa de tus conflictos. Dios dice que al final es la determinación de hacer las cosas a tu modo. Empieza hoy a someter tus derechos y deseos al único que te ha prometido satisfacer cada una de tus necesidades. Una forma práctica de hacerlo es escribir una lista de las áreas conflictivas de tu vida. Al lado de cada una escribe los derechos o deseos que contribuyen a tus conflictos. Uno por uno entrégaselos a Dios. Entonces pon esa lista en un sobre y colócala en algún lugar que te recuerde que estás confiando en que Dios va a satisfacer cada una de esas necesidades, a Su manera y tiempo.

Padre celestial, tú eres el Dios que conoce íntimamente mis necesidades y deseos. Gracias por preocuparte de los detalles de mi vida. Gracias por el ejemplo que tengo en Cristo, que voluntariamente entregó hasta los derechos de su propia vida. Dame el valor para creerte mientras que otros demuestran ser insensibles y poco confiables. Amén.

Piedra de toque

Los conflictos de la vida disminuyen a medida que sometemos a Cristo nuestros derechos y deseos.

Acerquémonos, pues, confiadamente al trono de la gracia, para alcanzar misericordia y hallar gracia para el oportuno socorro.

Hebreos 4.16

Grandes expectativas

Cualquiera que haya experimentado la frustración de una oración sin contestar sabe lo que significa estar digustado con Dios. Cuando Él no responde como esperamos, enseguida empezamos a buscar la razón. La antiquísima pregunta respecto a Dios y la maldad empieza a calar nuestras mentes: «Si Dios es un Dios bueno, por qué permite... Si Dios fuera todopoderoso, seguramente hubiera detenido...» y cada vuelta a la pregunta continúa quitándonos confianza. Para muchos, este proceso los lleva a una total desconfianza y desespero. Para otros, culmina en una fe tan inútil que se convierte en una fe inservible.

Yo también he estado desilusionado con Dios. Mi experiencia me ha llevado a estas dos conclusiones: (1) Dios siempre cumple Sus promesas, pero (2) no siempre somos cuidadosos en reclamar Sus promesas. A menudo confundimos lo que nos prometió con lo que queremos, deseamos y esperamos. Por consecuencia, nuestra fe se concentra en que se cumplan cosas que Dios nunca quiso que se cumplieran. Y nos disgustamos.

En ninguna parte de la Escritura Dios nos promete armonizar nuestras circunstancias con nuestros gustos. Tampoco promete un ambiente libre de dolores y problemas. Como hijos Suyos que somos tenemos libertad de pedirle los deseos de nuestro corazón. Pero como siervos debemos someternos a Su voluntad soberana.

Sin embargo, hay dos dones prometidos que podemos pedir con absoluta confianza: misericordia y gracia. El Salvador simpatiza contigo. Por experiencia sabe lo que significa sufrir solo. Cuando tú le imploras, Él se inclina a la orilla de Su trono para oír atenta y compasivamente. En Su corazón tú tienes un tierno lugar.

Pero Él hace algo más que oír. Personalmente Jesús nos da la fortaleza que necesitamos para soportar cualquier cosa que

tengamos que enfrentar. Esa es la idea que está detrás del término gracia.

Es posible que el Padre celestial no quiera cambiar la naturaleza de tus circunstancias. Incluso, es posible que decida librarte por medio de los tiempos difíciles en lugar de librarte de los tiempos difíciles. Su respuesta a tus oraciones quizás sea: «¡Quédate ahí!» Pero no es hora de disgustarse. Dios no desatiende tu clamor de socorro; Él te da el poder para soportar cualquier dificultad o dolor que la vida te haya ocasionado. Y lo hace con la esperanza de que habiéndolo resistido, algún día te pararás delante de Él para darle toda la gloria.

Padre celestial, gracias porque no tienes oídos sordos al clamor de tus hijos. Padre, te confieso que he estado desilusionado con lo que aparentaba ser falta de atención. Ahora reconozco que te requería promesas que nunca me hiciste. A medida que las dificultades de la vida se presenten, quiero enfrentarlas en la confianza de que me oyes con compasión y siempre me darás las fuerzas para soportarlas. Amén.

Piedra de toque

Siempre que vengas al Padre,
encontrarás misericordia y gracia
en el momento de necesidad.

¿Tú quién eres, que juzgas al criado ajeno? Para su propio señor está en pie, o cae; pero estará firme, porque poderoso es el Señor para hacerle estar firme. Romanos 14.4

De acuerdo en el desacuerdo

Hay asuntos en los cuales la Iglesia del Señor Jesús nunca llegará a tener un completo acuerdo. El apóstol Pablo para referirse a este tipo de cosas acuñó el término «asuntos discutibles». En sus tiempos el tópico caliente era comer la carne que se le ofrecía a los ídolos o abstenerse por completo de comerla. Los creyentes de hoy discuten cosas como dar palmadas en la iglesia, la música, el baile, estilo de pelo, beber vino y la forma correcta de gobernar la iglesia.

Con toda la importancia que quizás estas cosas tengan, Dios nunca planeó que la Iglesia se dividiera por estos motivos. Sin embargo, es asombroso ver cómo son causas para que los creyentes se critiquen unos a otros tan fuertemente. Esta actitud da por resultado chismes, calumnias, divisiones y muchas otras cosas que la Escritura claramente enseña que son malas (Efesios 4.29-32). Los que participan en esta clase de críticas son buenos ejemplos de lo que Jesús se refería cuando dijo: «¿Y por qué miras la paja que está en el ojo de tu hermano, y no echas de ver la viga que está en tu propio ojo?» (Mateo 7.3).

En Romanos 14 se encuentra la verdad que nos libera del espíritu de crítica. Pablo es penetrantemente claro cuando dice que no tenemos derecho de juzgar al siervo de otro.

A lo que se refiere es el hecho de que cada uno de nosotros es un siervo de Cristo. Y llegará el momento cuando tendremos que rendir cuentas de nuestra vida a Él, el Único a quien debemos cuenta. Si tratamos sobre asuntos dudosos, a nosotros nunca se nos pidió ser jueces de los demás. Somos libres para discrepar, pero nunca tenemos la libertad de criticar. Juzgar a otros por sus opiniones respecto a los «asuntos discutibles» es apropiarnos del papel que Dios reservó exclusivamente para Su Hijo.

¿Estás criticando a otros creyentes por cosas que realmente son de opinar en lugar de ser asuntos definidamente morales o éticos? ¿Tienes la tendencia de juzgar la espiritualidad de otros, basándote en cosas triviales? ¿Eres culpable de adueñarte del papel de juez?

Padre celestial, tú eres el juez de la vida y la muerte. Tú eres el Dios que puede ver más allá de las acciones de una persona y considerar las motivaciones de su corazón. Te agradezco que te hayas reservado el papel de juez. Gracias porque no me nombraste juez de mis hermanos y hermanas en Cristo en asuntos discutibles. Te pido que me corrijas cuando critico y asumo la responsabilidad que nunca quisistes para mí. Gracias por la libertad y diversidad que hay en el cuerpo de Cristo. Amén.

Piedra de toque

*Sólo ante nuestro Maestro nos
erguiremos o caeremos.*

Como también en parte habéis entendido que somos vuestra gloria, así como también vosotros la nuestra, para el día del Señor Jesús.

2 Corintios 1.14

Más allá de la conducta

Todos conocemos personas que no nos gustan. Es el tipo que fingimos no ver cuando nos saluda desde el otro lado del parqueo. Es el «viejo amigo» cuyas llamadas a la oficina tu secretaria sabe que no debe pasarte. Es el supuesto teólogo que después del culto siempre te quiere hablar. Es un empleado, un patrono, un vecino, un familiar... la lista podría seguir y seguir, porque están dondequiera.

Ya sé, ya sé... Los cristianos debemos amar a todo mundo. Quizás sea cierto. Pero amar es una cosa y que nos caiga bien es otra. Podemos esforzarnos para ser amables, pacientes, gentiles y todo lo demás. Pero, ¿qué puedes hacer para que te agrade?

Para sobreponer el disgusto que otros nos causan, debemos entender un poquito qué lo hace ser repugnante. Por lo general, las personas no nacen desagradables. Se ponen así con el tiempo y el abuso. A medida que empezamos a entender a la persona que está detrás de esa conducta, algunas de las paredes se derribarán.

Hace algunos veranos Dios usó una actividad para recordarme, una vez más, este principio sencillo, pero profundo. El incidente sucedió en una conferencia de vida familiar en el que yo era el orador principal. A principios de la semana tuve mi primer encuentro con Jimmy. Realmente lo oí antes de verlo. Estábamos casi a punto de empezar una reunión cuando una voz áspera se dejó oír prácticamente gritando: «Con permiso, con permiso». Por medio de la congregación llegó este niñito con una silla detrás. Luego de casi tumbar a varios asistentes, pasó al frente, encajó la silla entre otras dos que estaban ocupadas y se sentó. Por un segundo miró a su alrededor, se paró y empezó a gritar en medio del grupo: «Mamá, mamá, aquí hay un asiento». Mi primer impulso fue agarrarlo y broncearle el trasero. A mediados de semana todos conocían a Jimmy y compartían mi sentir.

Entonces sucedió algo interesante. Una mujer que asistía a la conferencia me llevó aparte para decirme algo en privado. Me preguntó si ya había conocido a Jimmy. Me sonreí y le aseguré que ya lo conocía. Luego me explicó cómo se habían hecho amigos desde muy temprano en la semana y cuánto habían hablado. Agregó: «Esta mañana Jimmy se levantó y me dijo que quería decirme algo. Le pregunté qué era y sin pensarlo me dijo: «En enero mi papá se murió y estoy pasando un tiempo muy difícil». Inmediatamente que oí eso, cambiaron mis sentimiento por Jimmy. Quise buscarlo para abrazarlo. Ahora entendía.

¿Quién te está volviendo loco? Te verás libre de muchos sentimientos negativos cuando descubras la verdad que se esconde detrás de una conducta.

Padre celestial, gracias por mirar más allá de mi conducta y amarme de todas formas. Dame la sabiduría y la voluntad de hacer lo mismo con los demás. Cuando encuentre personas cuya compañía no me agrade, recuérdame ver la persona que se esconde detrás de su conducta. Amén.

Piedra de toque

*Dedica tiempo para mirar la
persona que está detrás de
su conducta.*

*Y yo os digo: Ganad amigos por medio de las
riquezas injustas, para que cuando éstas falten,
os reciban en las moradas eternas.*

Lucas 16.9

Libertad financiera

Hasta una mirada casual es suficiente para confirmar la verdad de estas palabras que escribió Pablo a Timoteo: «Porque raíz de todos los males es el amor al dinero» (1 Timoteo 6.10). Volúmenes enteros se escribirían sobre las formas en que estas verdades han traspasado la vida de hombres y mujeres que no lo sospechaban. Todo delito, en ocasiones, es motivado por un deseo de dinero insaciable. En un nivel más personal el amor al dinero ha roto los vínculos entre esposos y esposas, padres e hijos y hasta ha separado amigos íntimos. La peor tragedia, sin embargo, es la que causa que un hombre o una mujer se aleje de Cristo por amor al dinero.

Lo que hace que este tema sea tan escabroso es la dificultad para discernir si somos o no víctimas de esta temida enfermedad. ¿Cómo sabemos si somos amantes del dinero? En lugar de darnos una lista de cosas para evaluarnos, Jesús nos ofreció una nueva perspectiva de todo el tema de nuestras finanzas. La implicación es que si adoptáramos Su actitud hacia el dinero, nunca tendríamos que preocuparnos de que fuera el objeto de nuestro afecto.

Para algunos, el dinero es en sí un fin. Cristo lo enfocó como un medio para lograr un fin. Específicamente, Él lo ve como *un medio temporal de alcanzar un fin eterno*. Dios ve herramientas en cada moneda que poseemos, al igual que en todas nuestras posesiones materiales, herramientas que han de usarse con el propósito expreso de traer a otros a Su reino. Tómate un minuto para leer la parábola de Jesús en Lucas 16. Toma nota cuidadosa del versículo 9. Jesús dijo que cuando entremos a la gloria, nos recibirán aquellos que se salvaron con nuestras ofrendas. Cada moneda que mandas a las misiones y que es instrumento para que alguien llegue a Cristo, agregará una persona más al comité de bienvenida.

Cuando pienses en tu dinero, debes hacerlo a la luz de esto:

«¿Cómo puedo usar lo que tengo para alcanzar personas para Cristo con mayor eficiencia?» Al grado que adoptes esta actitud hacia el dinero y las posesiones, estarás libre del amor al dinero.

Padre Celestial, tú eres el Dios que tomas lo que es temporal y lo usas para tu gloria eterna. Gracias por los que dieron su tiempo y energías y posesiones para ofrecerme la oportunidad de oír el evangelio. Recuérdame esta verdad diariamente, y al hacerlo, protégeme de dejarme dominar por la pasión de acumular bienes. Amén.

Piedra de toque

El dinero es un medio y no un fin, una herramienta para ofrecer la oportunidad de que otros oigan y acepten el evangelio de Cristo.

...y cuando llegaron a Misia, intentaron ir a Bitinia, pero el Espíritu no se lo permitió.
Hechos 16.7 (cf. Jeremías 29.11)

Frustraciones futuras

Una de las preguntas más comunes que me hacen es: «¿Cómo puedo saber la voluntad de Dios para mi vida?» Muchas veces hay una gran ansiedad en la voz del que pregunta. Y se entiende. Es desconcertante no saber qué dirección Dios quiere que tomemos.

Es muy desafortunado que tantos cristianos se paralicen con la pregunta sobre la voluntad de Dios. Muchos creen que no deben moverse hasta no saber absolutamente, sin sombra de dudas, exactamente lo que Dios quiere que hagan. Pero ese no es el modelo que encontramos en las Escrituras. En efecto, la verdad es lo opuesto.

Pablo es un buen ejemplo. Él conocía la voluntad general de Dios para su vida: debía predicar el evangelio. Así que lo hizo. La implicación de lo que pasó en Hechos 16 es que Pablo no siempre tuvo direcciones específicas del Señor. Y cuando no las tenía, sencillamente hizo lo que pensó era lo mejor para él. Parece que Pablo oyó que Bitinia necesitaba el evangelio, así que fue en esa dirección. Pero Dios tenía otro plan para Pablo y le bloqueó el camino.

Si no sabes la voluntad específica de Dios para tu vida, probablemente es porque no te lo ha revelado. En el interín estás libre para empezar a moverte en cualquier dirección que creas que es la apropiada. Si haces una decisión errónea, Dios te parará igual que detuvo al apóstol Pablo. Dios nunca intentó que nos paralizáramos por causa de Su silencio. En Su Palabra hay suficiente guía general para emprender nuestro camino. Mientras estemos inseguros de lo específico en la vida, tenemos libertad para hacer lo que consideremos la mejor decisión, otra vez, sabiendo que Él puede aparecer en cualquier momento y cambiar el rumbo.

¿Te ha paralizado tu búsqueda de la «perfecta» voluntad de Dios? Quizás sea hora de moverte. No tengas miedo de hacer

lo que consideres mejor, porque en el plan que Dios tiene dise-
ñado para cada uno de nosotros, también incluyó una medida
de libertad.

*Padre Celestial, tú eres el Dios que conoce mis te-
mores y frustraciones respecto al futuro. Te confieso que a menudo tu horario me da ansiedad. A
partir de hoy decido confiar en que has de revelar-
me todo lo que necesito saber en el momento apropiado. Desde ahora haré lo que considere lo mejor.
A través de este proceso confío en que me deten-
drás si empiezo a ir en la dirección incorrecta o en
la dirección correcta, pero en el momento indebi-
do. Gracias por la libertad tanto para pensar y
decidir yo mismo, como por las promesas para guiar-
me. Dirígeme hacia un perfecto balance de los dos.
Amén.*

Piedra de toque

*En la voluntad de Dios para
tu vida está incluida la
libertad de explorar y seguir
los deseos de tu corazón.*

No nos cansemos, pues, de hacer bien; porque a su tiempo segaremos, si no desmayamos.

Gálatas 6.9

La lucha con el desánimo

A todos nos gustan los resultados inmediatos. Ya sea un vendedor haciendo llamadas, una abuela sembrando en el jardín o un graduado de la universidad enviando resumés... a nadie le gusta esperar. Esta misma tendencia también se refleja en nuestras vidas espirituales. Una vez que le encomendamos cierto caso al Señor, esperamos que las cosas cambien, ¡ahora! Si nos sentimos condenados por un pecado en particular en nuestras vidas y nos dirigimos a nuestro Padre celestial para que nos ayude, queremos experimentar libertad instantánea. Cuando sentimos una carga por alguien y empezamos a orar a favor de esa persona, esperamos que Dios haga algo enseguida.

Pero a menudo nada sucede. Nuestras oraciones quedan sin contestar y nuestro esfuerzo no queda premiado. Es durante estos tiempos que somos más dados a desanimarnos. Disminuye la confianza en la fidelidad de Dios. Quizás hasta sintamos dudas sobre Su existencia.

Para muchos, el desánimo es el primer paso de una multitud de desórdenes emocionales que nos incapacitan. Para otros, sirve de ímpetu para un peregrinaje teológico, un peregrinaje que en la mayoría de los casos nos guía a conclusiones contrarias a las de las Escrituras.

El desánimo no es parte del plan de Dios para sus hijos. Para estar libres y mantenerse libres del desánimo debemos digerir espiritualmente la promesa de Gálatas 6.9 hasta el punto que se convierta en parte de nuestro pensamiento. Parafraseando al apóstol Pablo, hacer el bien tiene su recompensa. Quizás no veamos resultados inmediatos a nuestras buenas obras, pero la Escritura enseña claramente que Dios está tomando notas (por ejemplo Malaquías 3.14-16). En el momento propicio nuestra fidelidad tendrá su recompensa.

La tensión se centra alrededor del horario de Dios. Queremos resultados ahora. Pero en muchos casos Dios decide esperar. El primer paso para abrir nuestra vía de escape del estado de depresión es decidir de una vez y por todas si queremos vivir de acuerdo al horario de Dios. Si no, el desánimo se convertirá en nuestra manera de vivir. Pero una vez que confiamos en Sus cuidados, que lógicamente incluye Su tiempo, tenemos esperanza, que es precisamente lo que más le falta al hombre desanimado.

¿Estás desanimado? ¿Crees estar trabajando en vano? Dedica unos minutos para meditar en Gálatas 6.9. Pídele a Dios que te restaure la confianza en Él y en Su horario para tu vida. Y descansa seguro de que recogerás una buena cosecha, si no te das por vencido.

Padre celestial, tú eres el Dios que premias a tus siervos fieles. Tú ves y tomas notas de toda mi labor. Gracias por el cuadro que nos diste a través de tu Hijo, quien fue grandemente recompensado por su trabajo en la tierra. Dame el valor y la resistencia para perseverar y así recibir la recompensa en el momento apropiado. Amén.

Piedra de toque

La persistencia se premia.

Por nada estéis afanosos,
sino sean conocidas vuestras peticiones
delante de Dios en toda oración y ruego,
con acción de gracias. Filipenses 4.6

Preocupación

En algunos lugares de las Escrituras parece que el escritor es culpable de un exceso de simplificación. La forma de tratar algunos tópicos me lleva a preguntarme si el autor tiene alguna idea del tipo de mundo en que vivimos. La declaración de Pablo en Filipenses 4.6 es uno de estos pasajes. ¿Cómo puede decir, tan descuidadamente: «Por nada estéis afanosos»? Quizás te sientas tentado a contestar a este versículo de la misma forma que yo lo hacía: «Pablo, si tuvieras mi horario, mis obligaciones financieras y mis responsabilidades del hogar, ya hubieras cambiado el tono. Cualquiera que crea que no debemos preocuparnos nunca ha tenido algo por qué preocuparse».

Tan poco práctico como el consejo de este versículo parece ser y, sin embargo, hay una cosa que me hace volver a él una y otra vez: Pablo estaba preso cuando escribió esas palabras. Además, Pablo era un hombre a quien le consumía el deseo de llevar el evangelio de Cristo a todo el mundo. No era alguien que le gustara sentarse y mucho menos sentarse encadenado a un soldado romano. Aun así, en medio de estas circunstancias tan lejos del ideal, lo vemos exhortando a los cristianos de Filipo para que no se preocuparan.

Esto nos lleva a una pregunta importante: «¿Qué sabía Pablo que nosotros no sabemos? ¿Cómo podía él despreocuparse cuando su vida y todo lo demás que había hecho y por lo que había vivido parecía estar en peligro?» En la segunda mitad del versículo nos dice: «Sino sean conocidas vuestras peticiones delante de Dios en toda oración y ruego, con acción de gracias».

Pablo confió en Dios plenamente. Cambió la preocupación por oración, la ansiedad por fe. Tenía por costumbre recordar lo que nosotros tan fácilmente olvidamos: Dios tiene el control y nada lo toma por sorpresa. Dios sabía dónde estaba Pablo. Y sabía lo que Pablo estaba haciendo o dejando de hacer. Eso era

suficiente para el apóstol. El hecho de que sepa todo lo que nos concierne también debiera sernos suficiente.

¿Qué te preocupa? Prueba esto: Cada vez que empieces a preocuparte, ora. Dile al Señor qué está pasando y lo que crees que debe pasar. Dale los detalles: tus temores, tus sueños, todo. Entonces dile que si Él no viene en tu ayuda, tendrás problemas. En otras palabras, echa la carga sobre Sus hombros. Cuando otra vez empieces a preocuparte, repite el proceso. Luego de un par de veces de este proceso de oración empezarás a experimentar paz. Mucho antes que cambien tus circunstancias, cambiarán tus sentimientos y sentirás una nueva libertad interna. La fe siempre trae libertad. ¿De qué te estás preocupando? Ora.

Padre Celestial, tú eres el Dios que conoce cada motivo de mis preocupaciones. Tú conoces las demandas de este día. Estás consciente hasta de las cargas que se añadirán en el día de mañana. Recuérdame, Padre, que tú nunca tuviste la intensión de que yo llevara solo ni siquiera la carga de un día, pero que en su lugar tú estás dispuesto a ayudarme y a veces a llevar toda mi carga. Recuérdame orar en lugar de preocuparme. Cambia mi ansiedad por fe. Amén.

Piedra de toque

*Cambia la preocupación por
oración y la ansiedad por fe.*

Nada hagáis por contienda o por vanagloria; antes bien con humildad, estimando cada uno a los demás como superiores a él mismo; no mirando cada uno por lo suyo propio, sino cada cual también por lo de los otros. Haya, pues, en vosotros este sentir que hubo también en Cristo Jesús. Filipenses 2.3-5

En control de la presunción

Nadie disfruta del estar cerca de personas que se nutren de sí mismas, es decir, hombres y mujeres que siempre están hablando de dónde han estado, a quién conocen y qué han hecho. Aunque a una milla de distancia vemos la presunción, se nos hace difícil reconocerla en nosotros mismos. Es más complicada debido a que toma muchas y diferentes formas. No sólo sufre de presunción el alardoso que no para de hablar de su «gran negociazo». A menudo es la persona callada que no pronuncia ni una palabra, que está tan completamenta absorta en sus asuntos que no deja que le afecten las cosas de los demás. Los muchos disfraces de presunción hacen de cada uno de nosotros un blanco indefenso.

Para mantenernos libre de la telaraña de la presunción debemos luchar continuamente por ser humildes. Quizás la idea de luchar por ser humildes parezca una contradicción en términos. Quizás, como muchos, hayas pensado siempre que la humildad es sólo algo con que nacen algunas personas. Pero no es así. La humildad es algo que se desarrolla. En efecto, todos debemos cultivar con diligencia la humildad o poco a poco caeremos en alguna forma de presunción.

Así que, ¿cómo nos libraremos? ¿Cómo seremos humildes? Es muy simple. Piensa en alguien que admiras, quizás alguien que hayas admirado a distancia, sin nunca haberlo conocido. Escoje a alguien que a grandes rasgos consideres mejor que tú. ¿Está bien? ¿Cómo tratarías a esta persona si la fueras a conocer próximamente? Ahora, decídete a tratar a la próxima persona que conozcas en la misma forma que lo harías con la que consideras mejor que tú. Esa es la actitud de humildad. «Pero», me dirás, «¿qué si no considero mejor que yo a esa próxi-

ma persona que voy a conocer?» ¡No importa! Simplemente
considérala mejor. Esa es la llave de la humildad. Empieza con
una actitud.

Hay algo más. Decídete a enfocar tu próxima conversación
en los intereses de la persona con quien estás hablando en lugar
de los tuyos. Esa es una acción de humildad. Formula preguntas. Escucha atentamente.

Cristo Jesús no murió por ti porque tú te lo merecieras. Él
murió porque consideró que valía la pena morir por ti. Puso tus
mejores intereses por encima de los suyos y voluntariamente se
encaminó al Calvario. ¿Estás listo para liberarte de la presunción? Entonces, prepárate ahora mismo para tu próximo encuentro.

*Señor Jesús, tú eres el único que mereces todo el
honor, la gloria y la alabanza. Gracias por humi-
llarte hasta el punto de morir para asegurar mi
salvación. Recuérdame diariamente tu actitud y
dame la oportunidad de demostrar esa misma actitud hacia los demás. Amén.*

Piedra de toque

*Considera a los demás
mejores, de más valor y más
honorables que tú.*

*Pero Dios le dijo: Necio, esta noche vienen
a pedirte tu alma; y lo que has provisto,
¿de quién será?*

Lucas 12.20

Guárdate de la avaricia

En mi vida nunca he conocido un hombre avaricioso. Lo que quiero decir es que nunca he conocido a alguien que se considere ser una persona avariciosa. Aunque la avaricia no es un término difícil de definir, sí es horriblemente difícil encontrarlo... es decir, en nosotros mismos. Como un hombre lo expresó: «El avaricioso es el hombre que está más preocupado que yo en la acumulación de posesiones».

La avaricia se apodera de nosotros sigilosamente. Empieza con un sincero deseo de justicia, un deseo de recibir la porción del pastel que nos pertenece. Entonces, en algún momento, la campaña para la justicia se convierte en una herramienta que justifica gastos y acumulación irresponsables. Defendemos esta práctica razonando que si es nuestro dinero, tenemos el derecho de gastarlo como nos plazca.

Jesús tuvo algunas palabras fuertes para los avariciosos de su tiempo. Toma un minuto y lee Lucas 12.13-34. No hay duda que el rico de la parábola de Jesús era admirado por sus conocidos, igual que en la actualidad tenemos la tendencia de admirar a aquellos que acumulan grandes fortunas. Pero Dios le llama necio. «Ahora espera», pensamos; «quizás era un poco egoísta, ¿pero necio? ¿Cómo puede ser necio un hombre que sabe cómo acumular una cantidad tan increíble de bienes?» Nótese también que de su parte no se menciona ninguna cosa mal hecha. Parece que ganó cada centavo de su dineral. Y todavía Dios le llama necio. ¿Por qué?

Este hombre tan sabio en las cosas del mundo era ignorante en las cosas de Dios. En su frenesí por acumular bienes olvidó la vida venidera. Su error le costó caro y por la eternidad. Mientras se estaba preparando para una vida fácil, cómoda y placentera, lo perdió todo. Lo que más rehuía hacer voluntariamente, dar, al final se vio forzado a hacerlo.

Jesús fue directo al meollo de este asunto cuando dijo: «Así

es el que hace para sí tesoro, y no es rico para con Dios» (Lucas 12.21). Esa es la definición de Dios de lo que es ser avaro: empeñarse en las cosas de este mundo sin tomar en cuenta las cosas del reino de Dios.

¿Qué porcentaje de tus ganancias inviertes en el reino de Dios? De acuerdo a la definición de Jesús, ¿eres avaro? La verdad que te hará libre es esta: El día que mueras automáticamente darás todo lo que posees, pero en el cielo no recibirás crédito. Escoge qué vas a hacer. Puedes empezar a darlo ahora y tendrás un tesoro incorruptible en el cielo. O puedes continuar acumulando tesoros para ti en la tierra que te quitarán a la fuerza. La decisión es tuya. La decisión es clara.

Padre celestial, has establecido el precedente dando a tu Hijo. Usa esta verdad para revolucionar tanto mis gastos como mis hábitos de ofrendar. Quiero ser rico en ti. Recuérdame estar alerta contra la avaricia. Dame el discernimiento para notarla en su temprana aparición y el coraje para hacer los cambios que sean necesarios. Amén.

Piedra de toque

Cada uno de nosotros finalmente entregará todas las posesiones terrenales. Sin embargo, la forma en que decidamos hacerlo es un reflejo de nuestra entrega al reino de Dios.

*Por tanto, es necesario que con más diligencia
atendamos a las cosas que hemos oído,
no sea que nos deslicemos.*

Hebreos 2.1

El peligro de andar a la deriva

Durante la Segunda Guerra Mundial un barco de guerra estaba anclado en las Azores cerca de la costa de España. Los marineros de guardia pidieron a un grupo de infantes que por casualidad iban a bordo, que vigilaran mientras ellos iban a bajar a comer. Los soldados estuvieron más que dispuestos a ayudar.

Desafortunadamente, no estaban preparados para esa nueva responsabilidad. No se percataron de que el ancla del barco no estaba segura y que el barco gradualmente se estaba moviendo con la corriente hacia la orilla. Un marinero preparado sabe que periódicamente debe verificar su posición en referencia a algún punto definido en la tierra para vigilar la estabilidad del anclaje del barco. Sin embargo, a estos impetuosos soldados no se les había enseñado lo que tenían que mirar.

Antes de una hora el barco se había ido a la deriva contra unas rocas. Minutos más tarde una ola mandó el barco contra las rocas, abriendo un hueco en la proa. Sonó la alarma y el barco fue evacuado. Cuando el gran crucero comenzó a virarse, unos equipos en cubierta cayeron y se encendieron. Pronto todo el buque estaba envuelto en llamas.

Hay una corriente invisible con la que tenemos que batallar todos los días, una corriente que nos guía a cierta destrucción. Todos hemos visto a alguien alejarse de Dios y Sus cosas. A menudo son personas que consideramos cristianos fuertes.

Cada vez que oigo o veo que pasa algo así, pienso siempre en dos cosas. Primero, somos todos susceptibles de alejarnos; y yo de seguro no soy la excepción. Segundo, pienso en la advertencia de Hebreos 2.1. Aquí el autor nos da la llave para librarnos de los efectos de la marea que constantemente obra para alejarnos de la comunión con el Padre. Dijo: «atendamos con

diligencia». Es decir, enfócate en las cosas que pertenecen a Cristo y la salvación. *Tenemos la tendencia de deslizarnos hacia las cosas en las que hemos fijado nuestra atención.* Por eso es que el enemigo está constantemente tratando de captar nuestra atención y así influenciar en la dirección de nuestras vidas.

A la luz de cómo empleas tu tiempo y dinero, ¿en qué te estás fijando? ¿A qué le estás prestando atención durante esta época de tu vida? ¿Alguien o algo, que no es Cristo, ha captado tu atención? Si es así, existe la posibilidad de que ya estés a la deriva.

Si los soldados en la cubierta hubieran prestado atención a la costa para notar los movimientos del barco, hubieran evitado el desastre. Si desarrollas el hábito de prestar atención a algunos puntos de referencia en tu vida espiritual, tú también pudieras evitar el desastre que viene por estar a la deriva.

Padre celestial, gracias por este aviso. Gracias por tu preocupación. Dame una aguda percepción de mi vida espiritual para enseguida saber si estoy a la deriva alejándome de ti. Hazme una persona que se enfoque en Cristo y sólo en Cristo. Amén.

Piedra de toque

*El foco de nuestra atención
determinará la dirección de
nuestras vidas.*

Toda buena dádiva y todo don perfecto desciende de lo alto, del Padre de las luces, en el cual no hay mudanza, ni sombra de variación.

Santiago 1.17

Un corazón agradecido

Mientra más tengo, más difícil es evitar la ingratitud. De niño agradecía hasta las más pequeñas bendiciones. Mi padre murió cuando yo sólo tenía siete meses de nacido. Mi madre se quedó con casi nada. Cuando tenía diecisite años de edad, había vivido en dieciséis casas diferentes en el mismo pueblo. La gratitud era fácil en aquellos días. Hacíamos lo mejor que estuviera a nuestro alcance para sobrevivir. Cada centavo se contaba y apreciaba.

Creo que una forma de vencer la ingratitud sería perderlo todo. El viejo adagio es cierto: nunca se sabe lo que se tiene hasta que se pierde. Cualquiera que haya pasado una quiebra o una demanda hasta el punto de llegar a la ruina financiera sabe bien lo que estoy diciendo.

Aparte de perderlo todo, ¿cómo librarnos de la ingratitud? De seguro debe haber una forma, porque se nos ordena «dar gracias en todo» (1 Tesalonicenses 5.18).

Para empezar, debemos resolver lo de esa actitud que la mayoría tenemos de una forma u otra. Es una actitud que da por sentado que merecemos la buena vida, que el trabajo fuerte o quizás la calidad de nuestro carácter nos ha ganado ciertas bendiciones y premios. La verdad, sin embargo, es que no merecemos nada. ¿Por qué? Porque el pecado nos separa del Único creador y dador de todas las cosas buenas. Es sólo por la gracia de Dios, expresada en Cristo, que nos es permitido participar en cualquier cosa buena. Si no fuera por el amor de Dios y su preocupación por la creación que tanto valora habría un vasto abismo entre nosotros y todo lo que es bueno en la vida.

No hay lugar para la ingratitud en la vida del creyente. La verdad es que toda buena dádiva es un regalo de la gracia de nuestro Padre celestial. ¿Por qué no tomar unos momentos ahora mismo y agradecerle todas las cosas buenas?

Padre celestial, gracias por no darme lo que en realidad merezco. Reconozco que todo lo bueno es un don de gracia que proviene de ti. Guárdame de creer la mentira que de alguna forma merezco las cosas buenas de la vida. Recuérdame expresar mi gratitud diariamente, hasta por las bendiciones más insignificantes. Gracias sobre todo por el regalo de Cristo Jesús. Amén.

Piedra de toque

*Todo lo bueno
viene de arriba.*

Nunca se apartará de tu boca este libro de la ley,
sino que de día y de noche meditarás en él, para que
guardes y hagas conforme a todo lo que en él está escrito;
porque entonces harás prosperar tu camino,
y todo te saldrá bien. Josué 1.8

Libres para triunfar

La próxima vez que veas un malabarista profesional, observa dónde enfoca su atención. Uno piensa que mira a sus manos, ya que ahí se efectúa toda la acción. Pero un buen malabarista raras veces mira sus manos. Su mirada está en el lugar donde el objeto que está tirando termina su ascenso y empieza a descender. Sin embargo, no mira ningún objeto. Se mantiene mirando el punto más alto.

Igual que un malabarista, cada uno de nosotros tiene un número de cosas que debe mantener en movimiento: trabajo, matrimonio, iglesia, ministerios, entretenimientos, niños, educación, etc. Tenemos la tendencia a concentrarnos en un asunto y descuidar los demás. Nos engañamos creyendo que el éxito en un área es indicación de que hemos logrado el éxito en todo, cuando en realidad quizás estamos fallando miserablemente en otros asuntos. He visto muchas mujeres talentosas involucrarse tanto en cuestiones sociales que han fracasado en sus responsabilidades en el hogar. Todos conocemos hombres cuya única medida del éxito que toman con seriedad son los logros económicos.

El malabarista que con todo éxito juega con un solo bolo nunca se considerará de mucho éxito. Y el hombre o la mujer que se concentra en un aspecto de la vida excluyendo los demás tampoco tiene mucho éxito. Pero esta es la situación en la cual muchos bien intencionados creyentes se encuentran.

La verdad por la cual podemos ser libres de este dilema es esta: Dios te hará un triunfador a medida que te concentres en mantenerte fiel. Dios está comprometido en hacerte triunfador. Los principios en Su palabra se dieron con ese mismo propósito. Pero Dios ve este asunto de forma global. Su meta es darte el éxito en todas las cosas. Quiere que todos los bolos se mantengan en el aire. Desde el momento en que ponemos nuestro enfoque en el éxito en lugar de en la fidelidad, empezamos

a ir en contra de Dios. A lo mejor seremos malabaristas de éxito con un bolo, mientras que los otros están regados en el piso a nuestro alrededor.

¿Cuál es tu enfoque, el éxito o la fidelidad? Si tienes dificultad en imaginar la prosperidad que Dios te dará a Su tiempo y no al tuyo, y si te amenaza la idea de cambiar tu enfoque del éxito a la fidelidad, piensa en las alternativas. Piensa en el precio que estás pagando. Mira la vida de aquellos que antes que tú viajaron por ese camino. Mira su salud, sus familias, su reputación, sus amigos. ¿Acaso no es hora de que vuelvas a evaluar el verdadero significado del éxito?

Padre, tú eres la imagen perfecta del éxito. Mantienes todo perfectamente balanceado y en orden. Dame el valor de cambiar mi atención alejándola de aquellas cosas que tiendo a usar para medir mi éxito y también dame valor para enfocar mis ojos en ti. Desde hoy confío en que me prosperes a tu forma y de acuerdo a tu tiempo.

Piedra de toque

*Enfócate en la fidelidad
y confía en que Dios te
dará el éxito.*

Estad quietos, y conoced que yo soy Dios.
Salmo 46.10

Una nueva orientación

Soy un caso típico de la persona que se orienta por las metas, se dirige por los logros y busca resultados. Cualquiera que sea así o que viva con alguien así conoce tanto lo positivo como lo negativo que está asociado a esta clase de personalidad. Un punto negativo es lo difícil que es para mí hacer una pausa y relajarme. Peor aún, algunas veces me es difícil alejarme de la lista de cosas por hacer ¡y concentrarme en el Dios a quien debo servir!

Hay varias cosas que contribuyen a este problema. Uno es el sistema de valores del mundo en que vivimos. El mundo no premia a aquellos cuyo carácter es intachable. Tampoco reconoce a los que desarrollan un conocimiento de Dios. Consecuentemente, tenemos la tendencia a medir el éxito de acuerdo a la definición del mundo: logros visibles y progreso. No hay nada malo con buscar logros y progresos. Sin embargo, cuando esto se convierte en nuestro enfoque principal, es sólo asunto de tiempo hasta que nuestra vida privada empezará a resquebrajarse por los excesos y la negligencia.

Creo de todo corazón que es imposible orientarnos por las metas y a la vez orientarnos por Dios. Una orientación siempre estará precediendo a la otra. Jesús lo dijo de esta forma: «Ningún siervo puede servir a dos señores; porque o aborrecerá al uno y amará al otro, o estimará al uno y menospreciará al otro. No podéis servir a Dios y a las riquezas» (Lucas 16.13). Cuando nuestro deseo de alcanzar logros nos dirigen, pasan algunas cosas en nuestra relación con Dios. Él se convierte en el medio para lograr las metas, en lugar de ser la meta. Tendemos a usar a Dios en lugar de adorarle. Nos encontraremos buscando información acerca de Él en lugar de ser transformados por Él.

Aún está en pie la pregunta: ¿Cómo nos libraremos de una dosis insana de orientación por metas y lograremos la orientación de Dios? David lo resume bellamente: «Estád quietos y

conoced que yo soy Dios». Es decir, párate adondequiera que te encuentres. Enciende el recibidor de mensajes telefónicos, bájale el volumen, apaga la televisión, aparta el periódico, cierra la puerta y piensa. Asunto por asunto, piensa en las cosas que absorben tu tiempo, emociones y energía. Mide la importancia de cada una con esta única verdad: «Él es Dios».

Que tienes metas: Él es Dios. Tus hijos están enfermos: Él es Dios. Tu jefe te está presionando: Él es Dios. Tu matrimonio tiene dificultades: Él es Dios. El punto de David es sencillo. Toma todas esas preocupaciones y mídelas con esta verdad suprema. Y de pronto, tu enfoque cambiará. Nada es tan enorme como creístes. Las circunstancias no son tan abrumadoras. Las cosas empiezan a caer en una perspectiva correcta. Después de todo, Él es Dios.

Esta renovación de perspectiva no es una revisión trimestral de tu vida. Hay días en que necesitarás hacer este ejercicio cada hora. No importan cuáles sean tus circunstancias, diariamente toma algún tiempo para reflexionar en todas las demandas de la vida a la luz del Único que soberana y amorosamente siempre te cuida.

Padre celestial, tú eres el Dios que nunca duermes, tú eres el Maestro de toda la creación. Tú eres la vara donde todo se mide. Recuérdame enfrentar la vida consciente de que tú eres Dios. Amén.

Piedra de toque

*Es imposible estar orientado
hacia las metas y al mismo
tiempo orientado hacia Dios.*

Porque el Hijo del Hombre no vino para ser servido, sino para servir, y para dar su vida en rescate por muchos.

Marcos 10.45

El síndrome de servicio

Vivimos en una sociedad orientada a los servicios. Cada año aumentan las demandas de servicios. Se puede emplear a alguien para hacer casi cualquier cosa. Por doquiera aumentan los negocios diseñados para alcanzar esta creciente demanda. En la actualidad puedes pedir que te traigan a la puerta de la calle casi cualquier tipo de comida. Las compañías de ventas por catálogo han hecho posible que por teléfono se compre de todo, desde ropa hasta equipos de acampar. Ya hasta uno puede pulsar algunas teclas en la computadora para que le traigan a la puerta comestibles del supermercado.

A todos nos gusta que nos sirvan. ¿No es verdad que una porción importante del presupuesto individual lo usamos para pagar servicios como agua, electricidad, mantenimiento, cuidado de los bebés, cuidado del jardín, pagos de intereses, reparación del auto, etc.? Muchos de estos servicios son lujos a los que nos hemos acostumbrado hasta el punto de considerarlos necesarios.

Con tanto a nuestra disposición nos preparan para creer una mentira que nos rodea desde los días de Jesús. Dicho sencillamente es esto: Son más importantes los que más servicios reciben. O, el más importante de todos es servido por todos. Necesitamos aprender en un nivel espiritual lo que muchos negocios están aprendiendo en un nivel monetario. Realmente los que sirven son los que obtienen más beneficios. En este mundo, el negocio que ofrece el mayor número de servicios al cliente acaparará la mayor parte del mercado; tendrán la mejor recompensa. De igual forma, el creyente que es el mejor siervo en esta vida ganará la mayor recompensa en la vida venidera.

Somos líderes en preparación. Tú y yo debemos ser siervos ahora, para más tarde ser grandes en el reino de Dios. Esto está en contra de nuestras fibras por dos razones. Primero, porque siempre en nuestra vida el mundo nos ha presentado lo opues-

to. Y segundo, nuestra carne pecaminosa está constantemente pidiendo a gritos reconocimientos y servicios. No obstante, a pesar de la resistencia que encaramos, seríamos muy sabios si empezáramos a practicar la servidumbre hoy mismo; es la llave de la grandeza en el reino venidero.

Al empezar este día, piensa en quiénes son las personas que normalmente esperas que te sirvan. ¿Cómo, en su lugar, vas a servirlos? «Porque el Hijo del Hombre no vino para ser servido, sino para servir, y para dar su vida en rescate por muchos».

Padre celestial, tú eres el Dios que merece todo mi servicio y aun así te humillaste para servirme a través de Cristo. Gracias por este ejemplo que tengo en tu Hijo. Recuerdame durante todo el día que tú me trajiste aquí para servir. A través de mi servicio constante atrae a otros a ti. Amén.

Piedra de toque

Los que sirven en esta vida gobernarán en el mundo venidero.

Y decía a todos: Si alguno quiere venir en pos de mí, niéguese a sí mismo, tome su cruz cada día, y sígame.

Lucas 9.23

El riesgo de rendirse

El que no es creyente considera absurda la idea de rendirnos incondicionalmente a un Dios que nadie puede ver. Eso es comprensible. Pero aun para muchos creyentes veteranos la noción de rendirse es un tanto amenazadora. Dentro de cada uno tenemos algo que nos hace temblar al pensar en rendirnos para obedecer el mandato de Dios. Por mucho que disfrutamos cantar acerca del sacrificio que Él hizo por nosotros, la idea de devolver el favor, incondicionalmente, nos pone un poco nerviosos.

Cuando Jesús habló de negarnos a nosotros mismos, no estaba pensando en un tipo de existencia monástica. Jesús no vivió escondiéndose del mundo. Negarnos a nosotros mismos es simplemente decirle no a los deseos si estos están en conflicto con la voluntad de Dios. Jesús dejó muy claro que no tenía algo concreto en mente. Él estaba pidiendo un estilo de vida de negación. En otras palabras, *sacrificio.*

Quizás la sola idea de tal cosa te haga estremecer, pero no eres el único. Las iglesias están llenas de personas que necesitan librarse de ese temor al sacrificio. Y hay una simple verdad que los librará.

En los versículos que siguen al pasaje de hoy, Jesús menciona tres cosas que tendrán lugar en la vida de estos que se niegan a seguirlo. En esencia está diciendo: «Entiendo lo que sientes. Entiendo tu temor a lo desconocido. Pero dale una buena mirada a las alternativas, y entenderás por qué la decisión de seguirme es la más sabia que puedas tomar».

¿Cuáles son las alternativas? La primera de todas, los que no encuentran cómo vivir por Cristo de toda forma perderán las cosas por las que vivieron. No habrá nada de valor eterno que mostrar en sus vidas. Es verdad, no puedes llevártelo contigo. La segunda es que los que ven un sacrificio por Cristo como

una amenaza a su seguridad, a la larga perderán todo lo que pensaban que les daba seguridad. En esencia, se perderán a sí mismos. Y por último, rehusar a entregarse al señorío de Cristo dará por resultado la pérdida de posición y reconocimiento eterno. Jesús lo declaró en estos términos: «Porque el que se avergonzare de mí y de mis palabras, de éste se avergonzará el Hijo del Hombre cuando venga en Su gloria, y en la del Padre[...] » (Lucas 9.26).

Cuando piensas en esto, el hombre o mujer que no se rinda a la voluntad de Dios es el que realmente está haciendo el más grande sacrificio. Jim Elliott lo expresó muy bien cuando dijo: «No es tonto quien da lo que no puede retener para ganar lo que no puede perder». ¿Has estado resistiendo a Dios? ¿Qué quiere Él de ti? A la luz de la eternidad, ¿realmente representa tanto sacrificio? A la luz de la eternidad, ¿realmente tiene algo de sacrificio?

Padre celestial, gracias por sacrificar lo que era más precioso para ti de manera que fuera posible conocerte. Dame ojos para ver más allá de lo temporal y hacia lo eterno. Recuérdame medir cada aparente sacrificio de acuerdo a las normas que estableciste en el Calvario y la seguridad de la eternidad. Tú enseñaste el camino. Oro pidiéndote la sabiduría y el valor para seguirlo.

Piedra de toque

*Si crees que el precio del
discipulado es alto, considera el
precio que pagan aquellos que
rehúsan ser Sus discípulos.*

Cualquiera, pues, que me oye estas palabras, y las hace, le compararé a un hombre prudente, que edificó su casa sobre la roca.

Mateo 7.24

Con la mirada en el mañana

En el año 1984, en un discurso ante el equipo olímpico de los Estados Unidos, el presidente Reagan hizo este comentario: «Ustedes mejor que nadie saben que no sólo cuenta la voluntad de ganar, sino la voluntad de prepararse para ganar». Dondequiera que haya un potencial para una gran victoria, normalmente es necesario un sacrificio igual o mayor. Aquellos que se esmeran en sus profesiones comprenden la relación entre logros y sacrificios. Muchos creyentes no saben que este mismo principio también se aplica a la esfera espiritual.

Jesús decidió comunicar esta importante verdad en una parábola. Dos hombres decidieron edificar casas. Uno optó hacerla de forma fácil edificándola en una ladera del río donde los cimientos serían fácil de poner y los materiales estaban próximos. El otro hombre escogió la tarea difícil de llevar todos los materiales de fabricación hasta la cima de una montaña. Una vez allí, demoró días sólo en poner los cimientos.

Desde el principio de la parábola Jesús deja bien claro a quiénes representan estos dos hombres. El primero representa ese grupo de personas que encuentra que las enseñanzas de Cristo limitan demasiado y también que son muy difíciles de obedecer. El otro constructor representa a aquellos que están dispuestos a pagar el precio de la obediencia. Son el pequeño grupo de los que desean «practicar» las enseñanzas de Jesús.

Por un tiempo parecía como si el hombre de la montaña se hubiera esforzado más en vano. Pero entonces las nubes empezaron a formarse. Y pronto el viento comenzó a soplar. En poco tiempo el viento azotó a ambas casas. Fue entonces que el hombre en la montaña empezó a disfrutar plenamente de los beneficios de su ardua labor. Al mismo tiempo, su amigo allá abajo

probablemente estaría pensando: «Si yo hubiera...» Pero ya era muy tarde. Y también así es con los que no se deciden a pagar el precio de obedecer a Cristo.

Para muchos, el estar libres del pecado incluye detenerse lo suficiente para planear con la mirada en el mañana. ¿Qué encuentras tan difícil de practicar en las enseñanzas de Cristo? No hay duda de que deseas soportar las tormentas de la vida. Pero la voluntad no es suficiente. El asunto verdadero es si tienes la voluntad de prepararte para las tormentas de la vida. Jesús fue claro: la obediencia ahora asegura la resistencia más adelante.

Padre celestial, cuando la obediencia se hace difícil, recuérdame mirar al mañana. Trae a mi mente las personas que conozco que están cosechando bendiciones por la decisión de obedecerte cuando no era conveniente. Gracias por darnos principios que forman una cimentación perdurable. Usa esta verdad para liberarme de mi ceguera espiritual. A medida que encare las tormentas de la vida, sosténme de forma tal que otros te conozcan. Amén

Piedra de toque

*La obediencia a Cristo nos
permite soportar
las tormentas de la vida.*

*Llevad mi yugo sobre vosotros, y aprended de mí,
que soy manso y humilde de corazón; y hallaréis
descanso para vuestras almas.*

Mateo 11.29

El yugo de la libertad

Generalmente no asociamos la libertad con un yugo. Estos dos conceptos nos parecen opuestos. Sin embargo, el mismo que dijo que venía a liberarnos también nos invitó a llevar Su yugo. ¡Hmm! Para complicar las cosas aún más, prometió descanso para los que aceptaran su oferta. Una vez más confrontamos lo que parece ser una contradicción de términos. ¿Cómo es posible encontrar descanso poniéndonos un yugo?

Cuando Jesús habló de un yugo, se refería a unas relaciones, relaciones en la cual dos pueden caminar lado a lado en la misma dirección, abarcando el mismo terreno, encontrando los mismo obstáculos, viajando a la misma velocidad. Al invitar a su audiencia a someterse a Su yugo, estaba pidiéndoles que lo acompañaran. En esencia, estaba ofreciendo tres cosas: Primero, ofrecía ayudarlos a llevar la carga. Segundo, ofrecía guiarlos, porque cuando dos bueyes están enyugados, uno de los dos siempre es el animal guía. Y tercero, Jesús se ofrecía para instruirlos en los caminos de la libertad.

El Salvador sabe cómo mantener tu matrimonio libre de las fuerzas destructoras que prevalecen en nuestra sociedad. Él sabe cómo librar tu mente de celos, avaricia y lascivia. Sabe cómo ayudarte a evitar la esclavitud de hábitos y actitudes destructoras. Y se brinda a acompañarte para que aprendas a vivir en la libertad. Te ofrece la oportunidad de caminar a Su lado a través de laberintos de actitudes, oportunidades y relaciones que podrían amenazar tu libertad.

Muchos ven el yugo de Cristo como una amenaza a la libertad. Desde su perspectiva un yugo es un yugo, no importa a quién pertenezca. Fue por eso mismo que Cristo hizo su ofrecimiento a los trabajados y cargados (Mateo 11.28), a los que han tratado de encontrar libertad por su cuenta y sólo han encontrado esclavitud. A esos les dijo: «Venid a mí... y yo os haré descansar».

¿Te ha llevado a la desesperación tu búsqueda de libertad? ¿Estás dispuesto a acercarte al único que de veras puede hacerte libre? Cristo vino para que pudiéramos experimentar libertad, no sólo desearla. Sin embargo, sólo cuando nos humillamos y llevamos Su yugo nuestra libertad se convierte en realidad.

Padre celestial, gracias por permitirnos el privilegio de intimar con tu Hijo. Gracias por la promesa de descanso y libertad. Voluntariamente me rindo a la enseñanza e instrucción del Señor Jesús. Dame oídos para oír Su voz y ojos para ver Su camino. Guíame a la libertad. Amén

Piedra de toque

*Si nos sometemos al yugo de
Cristo hoy, nos aseguramos la
libertad de Cristo para
el mañana*

Estad, pues, firmes en la libertad con que Cristo nos hizo libres, y no estéis otra vez sujetos al yugo de esclavitud.

Gálatas 5.1

Estad firmes

Como americanos hemos sido bendecidos con bastante libertad. Pero nuestra libertad no vino de gratis. Miles de hombres y mujeres sacrificaron sus vidas para garantizarla. Y miles más están dispuestos a hacer lo mismo con tal de mantener este beneficio tan valioso. Mientras en este mundo haya fuerzas que quieran robar nuestra libertad, es necesario tener hombres y mujeres que se preocupen por preservarla. Así que, en el proceso de disfrutar nuestra libertad, tenemos que cuidarla constantemente contra aquellos que quieren quitárnosla.

Este mismo principio es cierto en la esfera espiritual. Nuestra independencia del dominio del pecado con todas sus consecuencias lleva una etiqueta con un alto precio. Le costó mucho a Dios, Su Hijo. Aun así la batalla por la libertad no terminó en el Calvario. La libertad que se hizo posible en la cruz se convierte en realidad en nuestras vidas sólo a medida que descubrimos la verdad y nos apropiamos de ella. Pero aun así, nuestro sacrificio no ha terminado. Nos rodean fuerzas que quieren socavar nuestra libertad. Susurros de condenación, sentimientos de temor e inseguridad, mensajes faltos de gracia provenientes de pastores bien intencionados, críticas constantes de aquellos que amamos. Día tras día nuestra libertad se ve asaltada desde todos los ángulos.

Fue esta misma amenaza lo que hizo al apóstol Pablo escribir: «Estad, pues, firmes y no estéis otra vez sujetos al yugo de esclavitud». Al observar a los cristianos de Galacia comprendió que constantemente había que defender la libertad del creyente. Al igual que la verdad nos hace libre, las mentiras del enemigo nos puede mandar de vuelta a la esclavitud que una vez conocimos.

Mantener nuestra libertad espiritual es muy parecido a defender la libertad de nuestra nación. En ambos casos debemos cuidarnos de aquellos que con gusto nos robarían la libertad. Y

en ambos casos el esfuerzo bien vale la pena. ¿Qué en cuanto a ti? ¿Estás firme en la libertad que Cristo nos brindó en la cruz? ¿Te estás apropiando diariamente de esa verdad? Si no, tómate unos minutos para revisar las áreas en las cuales sabes que Dios quiere libertarte. Empieza hoy mismo memorizando y meditando verdades específicas que se aplican a tu situación. Fue para que experimentaras la libertad que Cristo se molestó en hacerte libre. ¿No es hora de que consideres su oferta?

Padre celestial, gracias por mandar a Cristo a preparar el camino de mi libertad. Dame la sabiduría para saber cómo proteger este precioso y costoso regalo. Cuando estoy bombardeado de mentiras que intentan robarme la libertad en Cristo, tráeme a la mente esas verdades que se han probado con tanta efectividad contra las armas de nuestro enemigo. Usa mi libertad para llevar a otros a tu trono. Y concédeme la gracia de continuar firme. Amén.

Piedra de toque

Cristo murió para librarnos;
honrémosle negándonos a ser
algo menos que libres.